KB248467

빛나는 모든 것은 아름답다

빛나는
모든 것은
아름답다

이수인 시선집

책만드는집

그대여 어느 날

그리움은 부재중

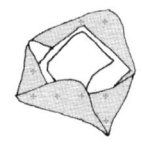

꽃비는 내리고

깊고 푸른

그대여 어느 날

무심결에 불어온 바람이

너무도 청량해서

마음의 깊은 시름이

한순간

사라지는 날이 있걸랑

나를 한번

생각해주오

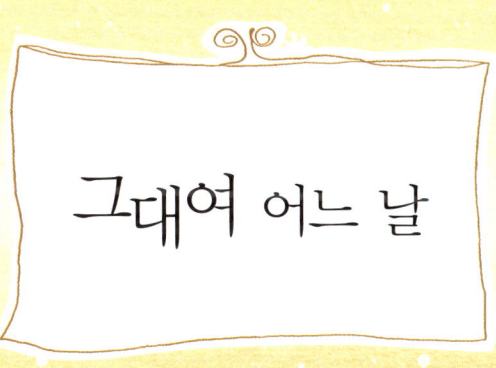

그대여 어느 날

그대가 있어 행복합니다

그대를 생각하면
아직도 가슴이 저려옵니다

그대를 생각하면
아직도 긴 밤을
불 밝히며 그리움에 지새웁니다

그대를 생각하면
아직도 눈물이 납니다

그대를 생각하면
아직도
가슴이 설렙니다

그대를 생각하면
그대가 있는 이 세상이 아름답고

그대가 있어
아직도 행복합니다

사랑을 하려거든

사랑을 하려거든 온 마음을 다해 사랑해라
사랑을 하려거든 온몸을 다해 사랑해라
사랑을 하려거든 목숨을 걸고 사랑해라
사랑을 하려거든 지금까지 살아온 인생
앞으로 살아갈 인생을 몽땅 걸고 사랑해라
비장한 마음으로 사랑해라, 그러나
어느 순간 아니다 싶으면 미련 없이 돌아서라

돌아섰으면
원망도 하지 말 것이며
슬퍼하지 말 것이며
그리워하지 말 것이며
잊으려고 애쓰지 말 것이며
잊지 못해 괴로워하지도 마라

한 방의 쾌활한 복수는
아무 일도 없었다는 듯이

잊어버리는 방법이다
그럴 수 있도록 자신을
추스를 수 있을 만큼만 사랑해라

그리하면
실연의 아픔으로 죽어가는 불쌍한
영혼들이 훨씬 줄어들 것이다

그대여 어느 날

그대여 어느 날
하늘이 무척 맑아
마음의 구름까지
싹 거두어지는 날이 있걸랑
나를 한번 생각해주오

그대여 어느 날
무심결에 불어온 바람이
너무도 청량해서 마음의 깊은 시름이
한순간 사라지는 날이 있걸랑
나를 한번 생각해주오

그대여 어느 날
어린 새순처럼
부드럽고 다사로운 햇살이
가파른 삶에 한 줌 비춰드는 날이 있걸랑
나를 한번 생각해주오

그대여 어느 날
산길을 걷다가 외롭게 피어 있는
이름 모르는 산꽃과 눈이 마주쳐
수줍게 웃음 지을 때가 있걸랑
나를 한번 생각해주오

그대여 어느 날
맑던 하늘이 먹구름에 가려져
한차례 소나기가 쏟아질 때
슬픔의 눈물이 아닌
기쁨의 눈물이라 생각되거들랑
나를 한번 생각해주오

그대여 어느 날
밤새 내린 눈이 소복하게 쌓여
천지간이 하얗게 변해 있는데
거기 발자국 하나 찍혀 있거들랑
나를 한번 생각해주오

사랑은

사랑은
기다림에서부터 시작된다

온종일 홍역을 치르듯
절망을 앓다

어쩌자고 자꾸만 아름다움을 창조하는가
영혼을 비우고 마음을 비워도 모자라
비우고 비워도 가득 차오름을 어쩌랴

사랑은
가슴 깊은 곳에 간직한 진실이다

사랑은
모든 것을 포용할 수 있을 때 완성된다

달맞이꽃

칠흑 같은 어둠 속에서
환한 미소로 다가오는 그대

그대의 미소는
한 송이 꽃이 환하게 피어나는 것 같습니다

그대 앞에서만 활짝 꽃 피고 싶습니다
그대 앞에서만 빛나고 싶습니다
그대 앞에서만 미소 짓고 싶습니다

그대 새벽이슬에
사라질 때까지

사랑한다는 것은

사랑한다는 것은

가슴에
푸른 나무 한 그루를
심는 것과 같다

항상
싱그럽고 푸르름이
샘솟는 기쁨

푸르름은 희망이다

가슴에
희망 하나
키우며 살고 싶다

당신의 진실한 사랑으로

밝은 햇살에
모든 만물이 투명하게 빛나듯

영롱한 다이아몬드에
모든 보석의 빛깔이 살아나듯

당신의 진실한 사랑으로
나의 영혼이 빛나면 좋겠습니다

당신 또한
나의 무한한 사랑으로
당신의 영혼이 푸르게 살아나면 좋겠습니다

사랑이라는 이름으로

아직도
그대의 음성은 나의 기쁨이 되고

아직도
그대의 고뇌에 일부분인 나

그대의 삶에
한 부분이 아닌 전체가 되어
꽃 피어날 그날

사랑이라는 이름으로
이 세상을 살다 갈 수만 있다면
삶은 다분히 축복일진대

봄날이여!
잎새도 없이
피어나는 한 그루 목련처럼
찬란한 고독이여

사랑은 변하고 추억은 간직하는 것이다

사랑하는 사람과
가슴 아픈 이별을 했다고 울지 마라

그 사랑을
영원히 간직하고 싶다면
헤어짐을 서러워 마라

사랑은 변하는 것이다
변하지 않는다면 그 사랑은
세월 따라 낡아지기 때문이다

변한 사랑보다
더 슬프고 쓸쓸한 것이
남루해진 사랑을 바라보는 것이다

사랑은 변하는 것이고
추억은 영원히 간직하는 것이다

메아리

귓가에 다가오는
그대의 젖은 목소리

간밤에
잠시 내린 봄비런가
비에 젖은
꽃잎의 낙화런가

바람결인 듯
꿈결인 듯

속삭여주던
사랑의 목소리
슬픈 메아리 되었네

사랑한다는 말은

사랑한다는 말은
헤어지자는 말보다 더 어렵다

사랑해요
외치고 싶을 때마다
꽁꽁 숨어 가슴 밑바닥에
가라앉은 한마디 말은
무수한 세월이 지난 후에
영롱한 화석으로 가슴속에
자리 잡고 앉아 있을 것이다

사랑은
그렇게 속삭이지 않아도
소리쳐 외쳐보지 않아도
느끼지 않아도
그저 숨결처럼 한숨처럼
살아 있음의 한 부분이다

굳이 잊으려 해도
그리워하지 않아도
무의식중에 호흡 속에
그렇게 함께하는 것이다

너를 찾아가는 길

너를 찾아가는 날
비가 온다

며칠째
꾸물거리더니
기어이 비가 온다

너에 대한 그리움으로
밤새 잠 못 이루고
새벽같이 집을 나선 날
비가 온다

지하철을 내려가는
계단에서 나의 발은
날개를 달았다

나는 벌써

너를 향해 날아가고 있다

너를 찾아가는 길
내리는 비조차 감미로웠다

비 내리는 경춘선

비 오는 평일 한가한 오전에
경춘선 열차를 타보라

지나온 세월이 그곳에 있다
그곳에 묻어둔 젊음이 있다

곳곳에 스며든 추억들이
오월의 단비를 맞으며

산과 강과 들판에서
푸르게 자라나고 있다

경춘선 열차를 타면
첫사랑의 추억이
내리는 빗속에서
조용히 되살아난다

내리는 빗속에
산도 젖고
들판도 젖고
내 마음도 추억에 젖는다

이름 없는 풀꽃이라도

나는 빛을 잃어버렸다
내 영혼에 각인된 어둠을 조금씩
몰아내 주던 사랑의 빛

은사시나무처럼 떨던
혹은, 일년생 화초처럼
뿌리 내리지 못하는
풀잎 같은 영혼

뼈를 시리게 하는 꽃샘바람에도
눈을 틔우는 목련처럼
개펄 속에서도
만개하는 연꽃처럼

척박한 이 땅에
뿌리를 내려
이름 없는 풀꽃이라도

되고 싶었는데
나는 길을 잃어버렸다

온통 어둠뿐인 내 영혼을
밝혀줄 사랑나무는
뿌리째 뽑혀 흔적도 없이 사라졌다

모든 빛나는 것은 아름답다

깊은 밤
칠흑같이 어두운 밤, 허공을 난다

불편한 항공기 좌석에서
서울에 두고 온 잠을 청하다가
기내 창을 올려본다

비행기 날개 꼬리 끝에 빨간빛 한 점
그 위로 반짝이는 별이 보인다
땅에서 보던 별보다 더 크게
더 가깝게 더 다정하게 보인다

지상을 떠난 영혼들이
별이 되어 빛나는 밤

너의 마음처럼 빛난다
나의 마음처럼 빛난다

모든 빛나는 것은 아름답다

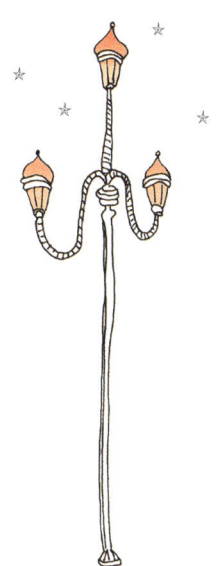

눈물꽃

내 안에서 피어나는 꽃
그대의 환한 웃음꽃이어라

때론 절망으로
때론 고통으로
때론 환희로
때론 눈물로
형형색색으로 피었다 지는
그대 모습

빛나는 눈동자로 꽃피어
혈관을 돌아 나와 심장에서
수줍은 듯 피어나는
그대의 미소

서럽도록 간절한 기쁨
눈물이 난다

심장에서 솟아 나와
혈관을 역류하여
눈물꽃으로 피어난다

그리움은 피로처럼

온몸 구석구석 쌓이고

어두움 속에서도

밝아오는 간절한

그리움

깊은 밤

그리운 그대 찾아

꿈속을 달려가네

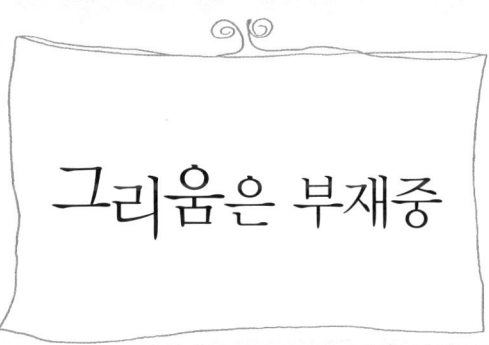

그리움은 부재중

그리움은 부재중

많은 비와 함께
강한 바람이 불었다

태풍이 아파트 전체를
때리며 울부짖고 있다

온몸으로 거세게
울부짖는 바람

바람과 함께
내 마음도 울부짖고 있다

바람에
나의 오랜 그리움과 우울과 서러움을
토해낼 수 있어서 좋다

바람이 불면

나는 거리로 나선다

그러나
나의 그리움은 부재중이다

그리움이란

그리움이란
보고 싶은데
볼 수 없을 때를 말한다

그리움이란
사랑한다고 말하고 싶은데
사랑한다고 말할 수 없을 때를 말한다

그리움이란
갖고 싶은데
가질 수 없을 때를 말한다

그래서
마음속에 꽁꽁 숨겨놓고
풀어놓을 수 없을 때
생기는 것이
그리움이다

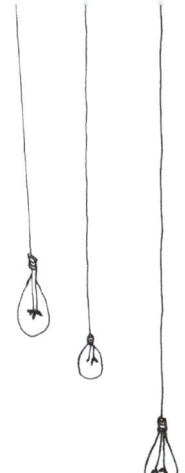

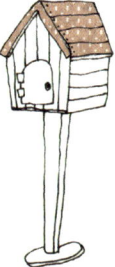

시와 때가 있는 법

서산에 지는 노을은
붉게 일렁이는 그리움이다

일몰과 함께 추락하는
외로움은 하루만 견디면
사라지는 것

마음의 의지가 된다는 것은
외로움을 거두어 간다는 것

외로움이 사라졌다는 것은
방황의 끝이라는 것

방황의 끝은
또 다른 외로움의 시작이고
새로운 방황의 길이라는 것

헤어져 있을 때
더욱 간절한 그리움은
마주 서면
한 줄기 서늘한 바람으로 돌아가는 것

그리움도
시와 때가 있는 법이다

그리운 사람을 갖는다는 것

살갑게
그리운 사람을
갖는다는 것

가을을
가슴에 끌어안는 것과 같은
감정일까

그리움 1

날리는 눈발처럼
소리 없는 그리움이 곳곳에
곳곳에 뿌려진 설화처럼

산과 들과 거리에
온통 그리움이어라

내가 살아온
길이만큼, 넓이만큼

그리움 2

그리움은 피로처럼
온몸 구석구석 쌓이고
어두움 속에서도
밝아오는 간절한 그리움
깊은 밤
그리운 그대 찾아
꿈속을 달려가네

그대가 보고 싶다

그리움 3

이따금 시리도록
파란 하늘 같은
그리움에 가슴을 떤다

그리움에도
색깔이 있다면
눈이 시리도록
파란 색일 것이다

그리움 4

비처럼 내리는
끊이지 않는 그리움
절절히 헤매다
우울로 흐르는
그리움의 강
강물을 막을 수 있는 것은 없다
흐르게
둘 수밖에

행복은

행복은

매 순간마다
감사하고

매 상황마다
만족해할 때

축복처럼 찾아오는 것이다

아름다운 것들

겨울 산은 벌거벗은 속살이 아름답다
겨울 바다는 접영을 하며
힘차게 달려오는 흰 파도가 아름답다

화살처럼 뚫고 들어오는
한여름의 아침 햇살도 아름답다
햇볕이 맑은 날은 노을도 아름답다
노을이 아름다운 날은 밤하늘도 아름답다

영혼이 맑은 사람은 미소가 아름답다
심성이 고운 사람은 행동이 아름답다
행동이 아름다운 사람에게는 향기가 있다
향기로운 사람은 아름답다

사람과의 만남에도 향기가 있다
향기가 있는 만남은 아름답다

첫사랑

대부분의 첫사랑은 첫눈처럼
예고도 없이 왔다가 사라진다

미완성 교향곡 같은 선율로 남아
흐르는 것이 첫사랑이다

버리지도 버림을 당하지도 않았는데
끝나는 것이 첫사랑이다

어느 겨울 한나절, 잠깐
살짝 내린 눈이 자취도 없이 사라지듯이

지나고 나니 사랑이었더라

처음이기 때문에

마타리

산길 옆에
가냘프게 피어 있는 노란 꽃

처음 산길에선 스쳐 갔다

다음 산행에선 눈에 띄었다
무슨 꽃일까, 궁금했다
꽃 이름을 알고 싶었다

오랜 세월이 흐르고
그 꽃의 이름을 알았다
'마타리'

그 다음 산길에선
마타리가 나를 알아봤다

산에는

산에 오르는 많은 사람이 있다
그 사람들만큼 많은 꽃이 피어 있다
그 많은 사람의 이름을 모르듯이
그 많은 꽃의 이름을 모른다

살다 보면
가슴에 새겨지는 이름이 하나쯤 있다
산속에 피어 있는 수많은 꽃 중에
마타리가 내 가슴에 들어오듯이

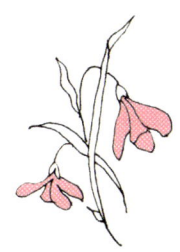

사랑과 인생

사랑이 인생의 전부일 수는 없다

인생에 있어서
사랑이 우선이 아니기 때문에
사랑은 다분히 비극적일 수밖에 없다

그래서
모든 인간은
이루어지지 않는 사랑 때문에 운다

진주

우울의 강을
함께 흐르는 사랑 하나
막연히 흘러가다
여울목을 만나
세찬 물살에 휘말려
어느 깊고 맑은 바다에
수장되었으면

속살 깊은 곳에 난
상처 하나
싸매고 싸매
먼 훗날
진주 한 알 품을까

마음은

마음은
수심을 알 수 없는 깊은 바닷속 같다

온갖
분분함을 속 깊이깊이 누르고
일상적인 하루를 보내고 있는 중이다

마음은
무게도 부피도 형태도 없다
존재조차 없다
다만 느낄 뿐이다

느낌이 오지 않는다면
느낌이 흐르지 않는다면

마음은
이미 존재치 않는 것이다

가슴에

가슴에
푸른 나무 한 그루 키운다는 것은
때로는
너무 고통스러운 일이다

그 속에
감추어진 그리움과 아쉬움의 여운은
가슴을 아프게 한다

물이 흐르듯
계절이 바뀌듯
자연스럽게
아픔 없이
절절한 그리움도 없이
무감각하게 잊힐 수 있다면

가슴에

푸른 나무 한 그루 키우는 일이
고통스럽지만은 않을 텐데

때로는
끝없는 절망감에
가슴이 오그라 붙는 일이기도 하다

꽃잎마다

꽃보다 아름다운

당신 얼굴

어른거려도

그 꽃잎

똑똑 따 버리며

당신 얼굴 지우려고

혼자

꽃구경 갑니다

꽃비는 내리고

봄은 그리움으로 온다

해가 길어졌다
완연한 봄이다

봄은
그리움으로부터 온다

긴 겨울
나목으로 견뎌낸
마른 가지가 눈을 틔우고

오랜 인내에서 오는
그리움의 절정으로 꽃 피어난다

온몸의 뼈가 근질거린다
그리움의 꽃 한 송이 피우려
신경 가닥가닥마다 움트고 있다

봄은
그리움으로 꽃 피어난다

봄이 오는 길목

오랜만에
서울 하늘이 쾌청하다

한강 물도
기분 좋게 찰랑거린다

바람은 불지만
햇살은 따사롭다

양지쪽에 개나리의
개화가 시작되었다

가을은
모든 것을 소멸시키지만

봄은
모든 만물을 살아 숨 쉬게 한다

상춘곡 1

강 건너 마을엔
마지막 잔설이 내린 듯
매화꽃이 가득 피었지요

홀린 듯
강줄기를 따라
마구 올라갔어요

상춘곡 2

천지간에
꽃 천지네요

하늘에도 가득
땅에도 가득

꽃비가 내리고 있네요

상춘곡 3

나, 꽃구경 갑니다
꽃보다 더 아름다운
당신 잊으려고
혼자 꽃구경 갑니다

꽃잎마다
꽃보다 아름다운
당신 얼굴 어른거려도
그 꽃잎 똑똑 따 버리며
당신 얼굴 지우려고
혼자 꽃구경 갑니다

떨어진 꽃잎에
꽃보다 그리운 당신 얼굴
발밑에 깔리면 그 꽃잎
꼭꼭 밟고 가겠습니다

떨어진 꽃잎을 밟으며
꽃보다 더 그리운
당신 얼굴 지우겠습니다

목련

거리마다
그리움처럼 피어나는 하얀 목련

거리 곳곳에 피어난
하얀 그리움의 절정

삼월은 거리 곳곳에
그리움을 피워놓고 간다

그리움은
삶의 의미로 꽃 피어난다

봄비

하늘에서 거대한 꽃밭에
물을 뿌려주던 날
부드럽게 와 닿는 빗줄기가
메마른 가슴에 스며들어
비가 되었다

가슴에 흐르던
한줄기 봄비
핏기 서린 빡빡한 눈동자를
따스하게 감싸며
한 방울 눈물이 되었다

목마름의 땅
종로 구석에 앉아
질 낮은 위스키 한 잔에
온몸이 서러움에 젖어
한줄기 봄비로 종로를 적신다

만개는 그들의 것

매화를 보려고
이른 봄날 멀고 먼 길을 왔다
양지쪽에 자리 잡은 꽃나무만 꽃이 피었고
산 중턱 매화는 꽃봉오리만 매달고 있다
눈송이를 매단 듯 만개한 매화는 보지 못했다

이른 봄의 전령이라는
산수유를 보려고 전남 구례마을을 갔다
나뭇가지마다 붓으로 찍은 듯 노란 점만 가득하고
화사한 산수유의 개화는 보지 못했다

어쩌다 한 번
꽃구경한다고 찾아온 상춘객에게
꽃봉오리는 열지 않았다

인생의 절정은
평생 함께한 사람의 몫이라고

만개의 절정도 그곳에서
꽃나무와 함께하는 사람의 몫이라고
아쉬운 발길을 돌렸다

오월의 산에 가고 싶다

산수유와 동백꽃이 지고 난 산이
어느새 초록 이파리로 뒤덮였다

가장 예쁘고 여린
연초록의 산이 바라보인다

바라보이는 산에서
은방울 소리가 들려온다
은방울 소리가 귓가에서 살랑거린다

바람이 불어
숲이 흔들릴 때마다
들려오는 은방울 소리

산에서 부는 바람에
조롱조롱 매달려 피어 있는
은방울꽃이 흔들리는 소리가 들린다

산이 나를 부르고 있다
오월의 싱싱한 봄 산이 나를 부른다

산에 가고 싶다
숲 속 한구석에 무리 지어 살고 있는
은방울꽃을 보고 싶다

봄이 오는 산

떡갈나무 숲과 소나무 숲으로
어우러진 개웅산에 오른다

긴 겨울 눈과 바람에 꺾인
마른나무 잔가지들이 얽히고설킨 산

길이 아닌 길을 만들어 올라갔다

늙은 황소의 잔등처럼 꺼칠한 산등에
물감을 흘린 듯 푸릇푸릇 생명이 돋아나고 있다

바람이 부는 대로 산이 들썩거린다
마른 가지마다 봄이 오고 있다

숨이 차올라 살짝 감은 두 눈에
무수한 빛이 날아와 꽂힌다

산의 힘찬 생동력에 현기증이 난다

선운사 동백

선운사 동백
하도 유명해서
어느 봄날 꽃구경 갔지요

봄이면
어김없이 저 멀리 중국에서
날아오는 황사로
하늘은 안질이 걸린 듯
누르끄레 잔뜩 흐렸지요

누런 먼지
누런 바람
누런 공기를 헤치며
선운사 뒤뜰 동백 숲을 찾아갔지요

푸른 동백 숲에
빨간 열매처럼 꽃이 매달려 있고

숲 근처에 모가지째 뚝뚝 떨어진
꽃송이가 피를 흘린 듯 섬뜩하네요

살아오면서
가슴 한쪽을 베어낸 듯한
아픔의 핏덩이가 여기 떨어져 있었네요

살면서
내 살점 도려내듯 버렸던
수많은 꿈이 여기 모여서
검붉은 피를 토해내고 있네요

봄비가 는개 되어

봄비가 는개 되어 내린다
하루 종일 예쁘게 비가 내린다
봄비는 질척거리지 않고
신선한 느낌을 준다

기분이 가라앉는 것이 아니고
생생하게 살아나는 기쁨을 준다

긴 겨울 메말랐던 대지가
촉촉하게 살아나고
죽었던 나무를 움트게 한다

종일 내리는 빗속에
깊이깊이 잠수하고 싶다

그리하여
싱싱한 한 마리의 등 푸른 생선처럼
솟구쳐 오르고 싶다

봄날의 수다

봄날의 새싹은
왜 그렇게 풋풋한지

봄날에 피는 꽃들은
왜 그렇게 화사한지

봄날에 부는 바람은
왜 그렇게 달콤하고 부드러운지

봄날의 햇살은
왜 그렇게 따스하고 감미로운지

산과 들에
기분 좋게 수다처럼 퍼져가는

봄
바람

햇살
아기 웃음 같은 봄꽃

온 천지가
조근조근 수다스럽다

오월의 창을 열면

해 저물 녘
오월의 창을 열면
어두움과 함께 밀려오는
달콤한 향기

종일 놀이터에서
종알거리던 아이들이
엄마 손에 이끌려 들어가고

해는 붉은 그림자를 드리우며
서산 뒤로 사라지고
잔잔히 어두워져 가는 세상

이르게 핀 아카시아 꽃이
동네 야산에 가득 피어
오월의 저녁나절을
달콤하게 만들고 있다

동네 가득히 퍼져 있는
아카시아 향기가
아름다운 오월의
저녁나절을 평화롭게 만들고 있다

바닷가

모래 기슭을 걸으면
하얀 슬픔으로 다가와
온몸을 적시는 파도

돌아와 바짓자락을 털면
눈물 자국처럼
남아 있는 모래알들

상심한 내장을 절이는 단풍
이국을 꿈꾸게 하는 머나먼 수평선
향수를 느끼게 하는 갈매기 떼

부활

사월이다

산수유와 동백꽃이
노랗게 피어난다

모든 묵은 잎을 떨구고
긴 겨울을 견뎌낸 나무의
화려한 부활이다

나무들처럼
묵은 것 다 털어버리고
미움 다 털어버리고

해마다 새롭게 부활하고 싶다

산수유

아직 바람 속에 칼날이 숨겨진 이른 봄
마른 가지에 물이 오르기도 전에
꽃망울을 터뜨리는 산수유, 봄의 전령사

그 단아한 화사함이
아파트 단지에 봄을 가져온다
노란 꽃망울이 활짝 터져 사그라질 때까지
봄 내내 마음이 화사하다

날을 가는 칼처럼
바람이 매서워 옷깃을 여미는 겨울날
마른 잎조차 다 떨어진 나목에
꼬마전구를 켜놓은 듯 달려 있는
빨간 열매
루비인들 저렇게 영롱할까

옷깃을 여미며 오고 가는

아파트 단지에서 바라보는 산수유 열매
겨울 내내 마음이 보석처럼 영롱하다

여름의 끝

강화에는 여름이 끝나 있었다
산과 바다 사이에 떠 있는 섬

그곳에는 여름이 끝나 있었다

간간이 뿌리는 빗줄기
해풍과 산구름이 만나
산안개를 이루어 몰려다니는 그곳에서는
포도송이가 탐스럽게 익어가고 있었다

산을 휘장처럼 두르고
끝없이 펼쳐진 해안선을 따라 이루어진 긴 곳
비와 바람이 만나 해무를 이루어 떠다니는 섬

거기엔 길고 지루한 여름의 끝이 있었다

드문드문 노란 마타리가 피어 있는 야산에

섣부른 코스모스가 고개를 내밀고 있는 곳
그곳에는 여름의 끝이 있었다

싱싱함을 잔뜩 뿜어내는 수액이 가득한 숲과
밀물로 몰려드는 바닷물이 어울려 화음을 이루는 바람은
길고 지루했던 여름을 한 방에 날려버리고
명징한 머리와 숨통이 탁 트인 가슴에는
벌써 가을이 들어와 있다

바람이 되고 싶다

아무 곳에도

머무르지 않고

어느 곳에도

속하지 않고

존재 이유도

되지 않는

그저 그런 바람

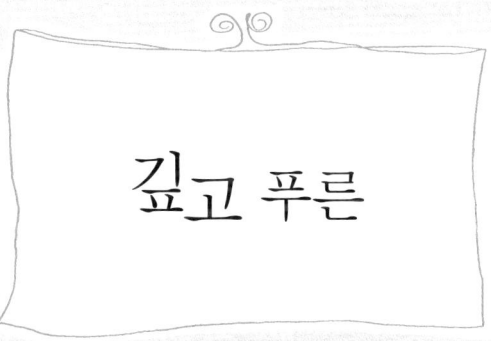

깊고 푸른

이 가을에

이 가을에
그리운 얼굴 하나 없는 사람은 슬프다

가을이 오면
오랜 기다림 속에
피어난 해바라기처럼
떠오르는 그리운 얼굴이 있다

가을이 깊어
발밑에 뒹구는 낙엽 속에서
보고 싶은 얼굴이 하나 있다면
그 사람은 마음의 등불 하나
밝히고 사는 사람이다

이 가을에
간절한 바람처럼
보고 싶은 얼굴 하나 있다

가을이 깊어지면
스산함 저 뒤편에
따스한 마음의 등불 하나 밝힌다

가을 1

깊고 푸른 바다 빛
사파이어 같은 하늘

시월이다
어쩔 수 없는 완연한 가을이다

가을!
여행하기 좋은 계절이다

덥지도 않고
쌀쌀하지도 않고
마냥 걸어도 땀도 나지 않는 계절

여행하고 싶다

가을 2

그리움이 깊어질수록
기운이 빠진다

가을의 하늘은 끝 모르는
그리움의 색이다

그리움은 가을처럼 깊어간다
가을은 그리움으로 깊어간다

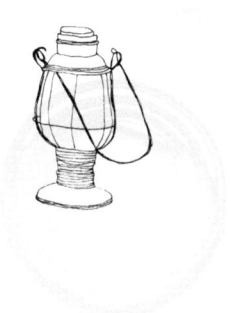

가을 엽서

보내는 계절에 대한 미련인지
다가오는 계절에 대한 낯가림인지
환절기 때마다 며칠씩 앓아눕곤 합니다

오랜만에 누워 있던 몸을 추슬러
가을 산에 다녀왔습니다

당신이 처음 가르쳐준
가을 산은 참으로 충만했습니다

따사로운 가을 햇살이 넘쳐나고
그 햇살 아래 빛나던 나뭇잎과
반짝이던 계곡의 물살들
보이는 것마다 축복이며 은혜로웠습니다

가을 아침
부드러운 햇살 아래 산길을 걷다가

문득
당신이 보고 싶어졌습니다
그곳에서 가을의 한 부분으로 잘 계시겠지요

혼자 걷는 산길이
왠지 쓸쓸했습니다

발길을 돌려 내려오는 길에
산비탈 쪽으로 참나물 꽃이
군락을 이루며 피어 있었습니다
당신을 향한 애잔한 그리움처럼

당신을 본 듯
갑자기 마음이 환해졌습니다
마음은 당신이 있는
그곳에 가 있습니다

텅 빈 충만

높은 곳에 올라서
텅 비어 있는 넓은 들판을
바라보고 있노라면
가슴 가득히
차오름을 느낀다

텅 빈 곳에서 느끼는 충만함

가을걷이가 끝난
빈 들판을 바라보면
심혈을 기울여
작품 하나를 끝낸 충만함이
가슴 가득 채워짐을 느낀다

충만함 속에서 느끼는 평안

아이러니

평생을 살면서
죽도록 미워한 것이

어느 날 문득
생각해보니

바로

내 인생이었다

아!
인생의 영원한 모순이여

단풍나무가 된 듯

단풍 구경을 하러
설악산을 찾았습니다
미시령휴게소에서
가르마처럼 난 산길을 올라갔습니다

멀리서 바라만 보던
산속의 길을 찾아
올라가는 일은 경이로웠습니다

어느 골짜기는
벌써 단풍이 져버려
나뭇가지만 남아 있고

어느 골짜기는
붉고 노란 옷을 입은 나무들이
다소곳한 새색시처럼 곱게 서 있었습니다

산속의 바람과
나뭇가지 사이로 비춰드는 햇살과
옷 벗은 가지끼리 몸 비비는 소리에 묻혀

멀리서 바라만 보던 산속에 올라
나도 한 그루 단풍나무가 된 듯
오래 서 있었습니다

바람이
나의 등을 떠밀어낼 때까지

가을 숲에서는 투명한 소리가 난다

가을바람에 나뭇잎이 흔들리면
어린아이들이 재잘거리는 소리가 난다

가을바람이 숲 전체를 흔들면
어린아이들이 까르르 웃는 소리가 난다

가을바람이 한차례 스치고 지나가면
나뭇잎 사이로 반짝이는
맑은 햇살이 숲을 빛나게 한다

그 위로
산까치 한 마리 날아간다
푸드득!
비상하는 소리가 경쾌하다

이른 아침
가을 숲 속에 들어와 있으면

머릿속이 숙취에서 깨어나듯 상쾌해진다

입을 벌리면
가을 숲처럼 투명한 소리가 날 것 같다

겨울 강

1
황량한 벌판이었다
기적 소리 길게 울리며 멀어져 가고
부려진 짐짝처럼
초라한 시골 역에 그림처럼 섰다
바람이 나무 사이를
돌아가는 소리 너머로
우수를 닮은 강물이 겨울 한복판에서
헤엄치고 있었다

2
눈발이 날렸다
황량한 벌판 위에 허허한 가슴을 타고
정겹도록 하얀 꽃송이가
아낌없이 내렸다
뽀드득거리며
강가에 닿았을 때

하얀 옷을 두둑이 입은 나룻배가
강물 위에서 철썩이며
춤을 추고 있었다

3
물결을 타고 배가 떴다
물살이 갈라지는 사이로
눈송이가 떨어져 갔다
산천을 하얗게 수놓으며 날리는 눈 속에서
이제는 멀어진 강가는
안개에 젖은 듯 축축하고
소리 없이 내리는 눈송이를 잠자코 삼키는
강의 적막을 깨며
노 젓는 소리만
가슴에 한 가닥 차갑게 살아 있었다

바람 1

바람이 되고 싶다
아무 곳에도 머무르지 않고
어느 곳에도 속하지 않고
존재 이유도 되지 않는
그저 그런 바람

바람 2

나는 바람이어라
빈 가지 끝에 걸리는
한 줄기 바람

허망도 하여라
마지막 잎새조차
내 몫이 아닌 바람
떠돌아다녀도 머물 곳 없어
찬 하늘 스쳐 가는 바람

나는 바람
존재 이유를 잃어버린
허공에 뜬 바람

설화雪花

춘설이 날린다
춘설은 내리는 것이 아니라
날리는 것이다

춘설은
쌓일 새도 없이 곧바로
설화가 되어 날린다

이른 봄에
가장 먼저 피는 꽃은
하늘에서 내리는
설화다

그저 바람 같은 것이라서

돌아서는 발걸음에 눈물 맺힌다

괜스레 서글퍼져서
사는 일이 별거 아니라서
사랑하는 일이 별거 아니라서
만남과 이별이 별거 아니라서

사는 일이 그저 바람과 같은 것이라서
사랑하는 일이 또한 한 점 바람 같은 것이라서
인생이 하냥 떨어지는 낙엽 같은 것이라서

돌아서는 발걸음에 눈물방울을 단다

흐르는 물처럼

열병 같은 사랑도
열꽃처럼 번지는 사랑도
이제는 싫다

목마르게
애타게
간절하게
진이 빠지는
사랑도 싫다

이별 앞에
한숨지으며 눈물짓는
사랑도 싫다

심장이 졸아들어
숨 쉬기 힘든 기다림의
사랑도 싫다

이제는
그냥 지나가는 바람처럼
떨어지는 꽃잎처럼
주룩거리는 빗물처럼
흐르는 강물처럼
그렇게 흐르고 싶다

누구의 인생이든 비는 내린다

누구의 인생이든
어느 정도의 비는 내린다고
온종일 울고 싶은 날이었다
눈물은 참으로
끈질긴 목숨만큼이나 질기다
눈길이 닿는 곳 모두가 슬픔이다

차창 밖으로
어둠의 커튼이 내려
아무것도 볼 수 없는 곳에서
느낄 수 있는 것은
눈물이다

끊임없이 흐르는 나의 눈물
아!
나의 뿌리는 눈물이었던가

차창 밖에서는
거리가 젖고
차창 안에서는
내 마음이 젖고 있었다

모르고 살아가는 것

아픔은 아픔의 끝이 보이지 않기에 고통인가요
삶은 삶의 끝이 보이지 않기에 절망인가요
사랑은 사랑의 끝이 보이지 않기에 이별인가요

고통은 그 고통의 끝을 모르기에
아픔을 삭이며 살아갑니다

절망은 그 절망의 끝을 모르기에
희망을 갖고 살아갑니다

이별은 그 이별의 끝을 모르기에
사랑을 하며 살아갑니다

모르고 살아가는 것
모르고 사랑하는 것
모르고 이별하는 것

그것이
운명입니다

빛나는 모든 것은 아름답다

—

초판 1쇄   2010년 9월 13일
지은이   이수인
펴낸이   김영재
펴낸곳   책만드는집

—

주소   서울 마포구 합정동 428 - 49번지 4층 (121- 887)
전화   3142 - 1585 · 6
팩시밀리   336 - 8908
전자우편   chaekjip@chol.com
등록   1994년 1월 13일 제10 - 927호
© 이수인, 2010

—

지은이와의 협약에 의해 인지를 따로 붙이지 않습니다.
잘못된 책은 구입하신 서점에서 바꾸어드립니다.

—

ISBN 978 - 89 - 7944 - 346 - 2 (03810)

이 도서의 국립중앙도서관 출판시도서목록(CIP)은 e-CIP
홈페이지(http:///www.nl.go.kr/cip.php)에서 이용하실 수 있습니다.
(CIP제어번호 : CIP2010003171)